Für alle,

die gerne denken,

nachdenken
und überdenken

Impressum:
Herstellung und Verlag
BoD – Books an Demand,
Norderstedt
ISBN 9783755749738

Februar 2022

Dieses Buch ist auch als E-book erhältlich

Wahllose Lyrik

und ein ganz
klein wenig
Prosa

Band 2

Karin Hartel

Die Erzählerin

Ich bin Karin, die auf dem Weg zu
einem wirklich freien Leben ist.
Glücklich verheiratet sitze ich in Gedanken
auf meinem Traumpferd und reite durch
die Gegend, die mir Heimat geworden ist.
Ich bin Karin Hartel, geborene Hartel.
Verheiratet, aber meinen Familiennamen
beibehalten. Ich bin Karin Hartel,
Elektromeisterin in Ruhe. Meinen
Meisterbrief habe ich hier, im alten
Bauernhaus im Osnabrücker Land an den
Nagel gehängt. So wie er, seit 1992 in
Haßloch/ Pfalz, schön gerahmt (von Foto
Flott) in unserem Geschäft, in der
Fabrikstraße hing. Ich bin Karin Hartel, die
der Liebe wegen ihr altes Leben verließ.
Nicht ganz freiwillig, das muss ich zugeben.
Eine seltene und sehr seltsame Krankheit
warf mich vollkommen aus der Bahn. Ich lag
bewegungslos in meinem Biobett, gefertigt
aus einem alten Redwood, der im
Heidelberger Schlosspark gefällt werden
musste, getischlert vom Holzfachmann
Baum in Neustadt/Weinstraße. Ich lag
einfach da und dachte mir Geschichten
aus, malte Bilder in meinem Kopf.

Kunst vom HOf

Natur bietet alles
was wir brauchen.

Eine Blume gearbeitet aus Leder, verarbeitet in dem Sattel,
den ich wie ein Cowboy seit 1985 mit mir herumschleppe.

Abgewandt

Er hat sich abgewandt
von allem
was normal ist.

Er hat sich abgewandt
von dem
was Durchschnitt ist.

Er hat sich abgewandt
vom Konsum
und seinen Folgen.

Er hat sich zugewandt
dem was gut tut.

Abendfrieden

Alle Arbeit getan
zur Ruhe kommen
sich auf den kleinen Tod,
den Nachtschlaf vorbereiten.

Und was wäre wenn
wenn es kein Morgen gäbe
wenn man entschliefe
dieser Welt?

Abendfrieden
ohne Ende!

Abendfrieden
mit Sonne

Ich bringe die Sonne ins Bett,
singe ihr ein Lied,
damit sie keine Angst hat
vor der Dunkelheit.

Märchenhaft, allmächtig,
fühle ich mich im Augenblick,
habe alles im Griff,
auch Sonne, Mond und Sterne.

Umnebelt mein Denken,
vom viel zu guten Wein,
vertausche ich die Rollen,
spiele Schöpfer(in),
ich kleines Gewächs,
in meinem Abendfrieden.

Augenhöhe

Bist Du bereit
mir zu begegnen
neu zu begegnen
auf Augenhöhe

Bist Du bereit
mich anzunehmen
wie ich bin
wie ich heute bin

Bist Du bereit
Dir zu vertrauen
Dir zuzutrauen
Neubeginn?

Angebrochener Tag

Heute ist ein ganzer Tag
für mich,
für mich alleine.

Ich hab ihn aber nicht mehr ganz,
er ist schon angebrochen.

Ganz früh
mit einem leichten Licht
und doch mit aller Schwere,
die so ein Tag nur tragen kann.

Der Tag ist abgebrochen
und doch ist er noch ganz
besteht aus dem, was war
und dem was kommen wird.

Der Tag ist angebrochen
besteht aus Gegenwart
wertvolle Momente
im Sekundentakt.

Alte Dame

Alte Dame
unverblümt
ehrlich
unheimlich
selbstkritisch
altersakzeptierend
herrlich damenhaft

Alte Dame
vorbildhaft
Bild einer Frau
die man gerne wäre
wenn man als Frau
schon alt werden muss

Ansichtsache

Du siehst das Bild,
das schöne Helle.

Das habe ich mir schön gemalt.

Ich sah das Dunkle,
bedrohliche Enge.

Das habe ich einfach angemalt.

Soll ich Dir zeigen,
was hinter der Fassade steckt?

Der schön gemalten, so Falschen?

Warum soll ich dich berauben,
der hellen, bunten Illusion.

Vielleicht verändert sich die Sache,
wird hell und schön und ganz real.

Baumliebe

Ich liebe einen Baum,
weil er mich überleben wird.
Vermutlich.

Weil er mich nicht verlassen
wird.
Vermutlich.

Weil ich mich bei ihm
geborgen fühle.
Ganz bestimmt.

Arme, reiche Frau

Ihr war es schon vor der Coronazeit nicht gut gegangen. Die Einsamkeit, ließ sich davor mit Shoppingtouren, Konzertbesuchen und Ausflügen gut kompensieren.

Nun aber ging das alles nicht mehr. Das Tragen einer Maske war für sie unerträglich. Trat nun ein, was ihre Enkelkinder ihr an den Kopf geworfen hatten? „Ersticke doch an deinem Geld, du geizigste aller Großmütter."

Ja, sie hatte das Gefühl zu ersticken, auch an ihrem vielen Geld, dass ihr jetzt gar nichts mehr nütze. Da kam ihr eine Idee. Ein Spiel, das funktionieren würde, weil sie bei zwei verschiedenen Banken Konten hatte.

Ihr Spiel:
Sie tat wichtig und bat den Mitarbeiter der Bank A, ihr schnellstmöglich fünfzigtausend Euro in bar zu bringen.

Der kam und fand eine feine Dame,
zurechtgemacht wie für ein Bankett.
Natürlich trank er eine Tasse Kaffee mit ihr,
in dem parkähnlichen Garten.
Er blieb schon aus Neugier, denn er wollte
wissen, welche Bargeschäfte diese alte Dame
abzuwickeln hatte. Vor allem wollte er sie vor
Betrügern schützen, die zum Beispiel den
Enkeltrick benutzen, um an das Geld von
alten Leuten zu kommen.

Stolz wies sie ihn darauf hin, dass sie zwar
alt, aber nicht von gestern sei und dass das
Geld bei ihr ebenso sicher sei, wie auf der
Bank. Tresor, Alarmanlage, des nachts
scharfe Wachhunde im Garten und stündlich
ein Wachdienst, der kontrollierte.

Beruhigt zog er von dannen und freute sich
über das Interesse, dass die alte Dame an
ihm persönlich zu haben schien.
Sie hatte ihn richtig ausgefragt.
Ob er verheiratet sei? Kinder? Häuschen?
Eltern? Finanzielle Situation?

Sie gab ihm das Gefühl, dass sie nach einem
Erben sucht. Kurze Bemerkungen über die
Undankbarkeit ihrer Kinder und Enkelkinder,

streute sie ins Gespräch, wie Zucker
in den Kaffee.

Am nächsten Tag kam der Angestellte der
Bank B, den sie ebenfalls wegen einer
dringenden Geldangelegenheit gebeten
hatte, zu kommen. Gleiches Spiel wie am Tag
zuvor, nur umgekehrt. Sie bat ihn, ihr Geld in
Sicherheit zu bringen, da sie den Wachleuten
nicht mehr traue.

Mit dem Spiel verschaffte sie sich
wöchentlich zwei nette Besuche und das
Gefühl von Wichtigkeit. Auch wenn sie nur
gespielt war, fühlte sie sich besser. Sie
amüsierte sich, dass der eine holte, was der
andere gebracht hatte und die beiden nichts
von dem wahren Grund der
Geldtransporte ahnten.

Das ging gut bis zu dem Tag, an dem der
Bankchef, der Bank A persönlich bei ihr
vorsprach, weil sich ihr Konto so geleert
hatte, dass die laufenden Abbuchungen nicht
mehr bedient werden konnten. Lächelnd
drückte sie ihm 25.000 Euro in die Hand.

Auf dem Konto bei Bank B, aber hätte sich
ein kleines Vermögen, nämlich genau die

Summe, die auf dem Konto der Bank A
fehlte, angehäuft haben müssen,
wenn der nette Bankangestellte sich nicht
jedes mal bedient hätte.

Er hatte wohl bemerkt, dass die einsame
Frau ihn mit ihrem Vermögen und der
Aussicht, dieses zu erben, lockte. Sie wartete
nur darauf, dass er ihr anbot, sie häufiger zu
besuchen. Zu sichtbar genoss sie die
Unterhaltungen mit ihm. Auf diesen
Erbentrick wollte er nicht hereinfallen und
bei einer alten, bösen Frau katzbuckeln,
damit sie ihn **eventuell** zum Erben
machen würde.

Er nahm sich von den jeweils 50.000 Euro 90
Prozent. Das Fälschen der Kontoauszüge war
für ihn eine Kleinigkeit, denn von dem ersten
Geld hatte er sich eine neue Computeranlage
mit einem hervorragenden Drucker gekauft.

Eigentlich wollte er die halbe Million voll
machen und damit still und heimlich nach
Australien auswandern.
Doch mit der Aufforderung, ihr 50.000 Euro
von ihrem fast leeren Konto zu bringen,
entschied er, dass er auch mit 450.000 Euro

einen guten Neuanfang machen könnte.

Diese Entscheidung war sein Glück.
Gleichzeitig das Unglück der alten Dame.
Na ja, verarmt war sie noch lange nicht.
Es gab ja noch ihre Aktien, Schmuck
und wertvolle Kunstgegenstände,
mit denen sie spielen konnte.

Silberschmuck von Nancy Hazelwood

Begegnung (1)
in Zeiten von Corona

Begegnung
auf Augenhöhe
ohne Begreifen
kein Händedruck
keine Berührung

Begegnung
gedämpft
ohne Lächeln
kein Zähnezeigen

Begegnung
aufmerksam
konzentriert
lebenswichtig

Begegnung (2)
in Zeiten von Corona

Begegnung
wertvoll
einmalig
berührungslos
zu Herzen gehend

Begegnung
Mittel gegen Einsamkeit
Hilfe bei der Sinnsuche
Seelenverwandte suchend

Dichterheiligkeit

Dem Dichter darf nichts heilig sein
und doch ist seine Welt
ein Heiligtum
das es zu
leben
gilt.

Er ist ein Priester der Natur
wenn Wort natürlich ist
nur Wahres soll
er schreiben.

Doch auch die Fantsie
ist wahr und heilig.

Engel der Literatur

Der Engel der Schreibenden
ergreift die Feder,

aus seinen Flügeln
gezogen ohne Schmerz.

Der Engel der Schrifterstellenden
schreibt mit Herzblut,

Geschichten für Menschen,
wie Du und ich.

Patricia van Lanen

Entlastung

Ich gebe dir meinen Rucksack
mit all den vielen Sorgen
die schwer mich
in die Tiefe ziehen.

Du nimmst ihn leicht
und öffnest den Verschluss
lässt meine Sorgen fliegen.

Nun ist er leer
und mir ist leicht.
Du bist ein Zauberkünstler.

Kunst vom HOf

Elster

Zauberhaftes Wesen
im schwarz-weißen Kleid
stolzierst durch den Garten
dir deiner Schönheit gewiss

Zauberhaftes Menschenwesen
im zu dunklen Kleid
schleichst durch die Straßen
kaufst Dir den Stolz

Bleibe zu Hause
schau in den Garten
lerne das Fliegen
im ganz hellen Kleid

Entscheidung

Heute entscheide ich mich
glücklich zu sein.

Egal wer mir begegnet.
Ich will freundlich sein.

Egal was gesagt wird.
Ich will das Gute hören.

Egal was geschieht.
Ich will an Wunder glauben.

Für meine EA Freunde in Speyer

Eigentümer
(eines Haustieres)

Kein lebendes Wesen
kann je dein Eigentum sein.

Es mag sein,
du bist verantwortlich
für sein Wohlergehen,

es mag sein,
du darfst es besitzen
für eine gewisse Zeit,

es mag sein,
du entscheidest über
sein Maß an Freiheit,

aber, ein lebendes Wesen
kann nie Eigentum
von irgendjemand sein.

Friesendom

Die Friesen bauen einen Dom
mit einer Kuppel himmelblau
unendlich weit
bis hin zum Lieben Gott

Die Friesen zwängen sich nicht rein
in Mauern hinter dicker Schicht
Unendlich frei
so lässt es sich gut beten

Die Friesen läuten nicht die Glocken
sie warten bis der Sturm es tut
dann ist Gefahr
doch sie beschützt der Liebe Gott

Dangast 2016

22

Fliegeninvasion

So klein,
so schwarz,
so schnell.

So zielbewusst,
so kriminell.

Sie warten nur
auf den Moment
in dem ich mich entspanne,

dann brummen sie
berühren mich
an jeder freien Stelle.

Ich wehre mich
fahre auf alle Geschütze,
doch sind sie in der Überzahl
gemeinsam sind sie stärker.

Frei bist Du,
wenn Du keinen
Wecker brauchst,
keine Termine hast
und keine kaufbaren
Wünsche.

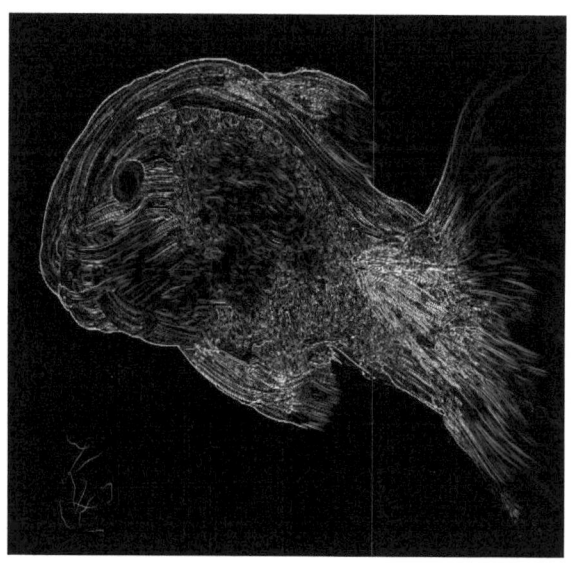

Frühling
trotz Corona

Dieser Frühling lässt es wehen,
ein Band tiefblau gefärbt.

Dieser Frühling wird
die Welt verändern,
eine Notwendigkeit
langersehnt.

Dieser Frühling überrascht
den Sehnsuchtsvollen.
So, hat er sich ihn nicht gedacht.

Dieser Frühling hat
auch gute Seiten.
Sehen das,
was wirklich wichtig ist.

Frühnebel

Die Welt in Watte gepackt
sorgsam
für die lange Reise
im Universum

Der Wanderer eingehüllt
liebevoll
für seine Reise
auf Erden

Das Reh wie auf Wolken
vorsichtig
aus dem Wald tretend
lauschend

Freiheit,
angeboren

Kein Lebewesen,
ob menschlich,
tierisch, pflanzlich
ist dafür geboren
unfrei zu sein.

Ananassalbei rotblühend

Gedankenflut

Gedankenflut
Sturmflut im Kopf

Gedankenflut
naturbedingte
Katastrophe

Gedankenflut
ertragbar nur
durch Öffnen
der Schleusentore

Gedankenflut
zurückdrängen
ist gefährlich

Gedankenflut
die Ruhe vor
dem Sturm
genießen

Glaubwürdig

Glaubwürdige Menschen
helfen mir,
meinen Glauben
nicht zu verlieren.

Meinen Glauben an Gott,
an die Menschlichkeit,
an den Sinn des Lebens,
an mich.

Kamelie auf Gartenteich

Gefangenschaft

Ich bin gefangen.
Durch mein Tun.
Verurteilt.
Lebenslänglich!

Ich bin gefangen.
Durch meine Leidenschaft.
Gebunden.
Bis in den Tod.

Ich bin gefangen.
Durch tiefe Liebe.
Verwurzelt.
Auf Gedeih und Verderb.

Ich bin gefangen,
in dem Garten,
den ich schuf.

Gelähmt

Ein Coronagedicht

Zeit dehnt sich wie der weite Himmel,
verloren darin die Menschen,
sinnsuchend, schlafwandelnd.

Tiere gehen ihren Weg.
Pflanzen wachsen und vergehen.
Wind kommt, bewegt, erstirbt.

Alltag verändert, wie in einem Film,
unwirklich, alle Sinne berührend,
siebenmal die Woche wiederkehrend.

Ruhetag verloren im
Überfluß der Ruhe.
Zerstört von innerer Unruhe,
wertvoll wie nie.

Gelähmt, Körper und Geist.
Die Seele weiß Mittel und Wege.
Höre auf sie.

Gelähmt (2)

Gelähmt der Wille
Gelähmt der Muskel
Gelähmt die Sinnesfülle

Nicht von außen gesteuert
Von innen gelähmt

Gestammel

Gestammelt
tausend Worte
gefügt in ein Gedicht
erhöre ich mich selber
erhöhe mein Gewicht

Glücksmomente

Ein Sonnenstrahl
ein leises Lächeln
ein Flügelschlag
ein Tag mit dir

Ein Tag mit dir
allein am Meer
und ganz egal an welchem,
ist Glücksmoment an Glücksmoment,
wie Perlen auf der Kette.

Ein Ring aus Schönem,
schönen Tagen.
Kein Anfang und kein Ende,
denn vor dir lebte ich ja nicht,
ein „Nach Dir" wird es nicht geben,
denn eine Einheit teilt man nicht.

Ein Glücksmoment,
in dem ich das erkenne.

Für meinen geliebten Ehemann

Höflichkeit

Wer aus Eile
die Höflichkeit vergisst,
vergisst zu leben.

Wer aus Not meint
unhöflich sein zu dürfen,
darf sich über das Echo
nicht wundern.

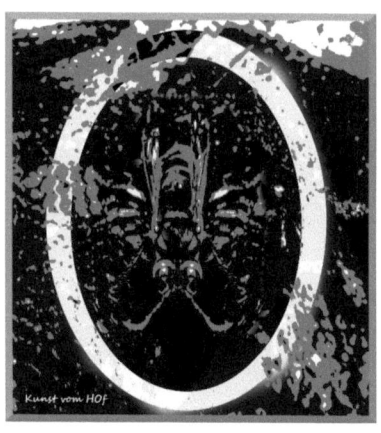

Hornisse im Fokus

Hundstage

Es gibt Tage,
da wünscht ich,
ich wär mein Hund.

Es gibt Tage,
da ist das Menschsein
unerträglich.

Wär ich mein Hund,
ich würde mich verwöhnen,
mich streicheln lassen
vollkommen
ungeniert.

Habenwollen

Haben
nur um des
Besitzen wollens
ist ebenso ungesund
wie Geben
nur um
Anerkennung
zu erlangen

Ich denk an Dich

Ich denk an dich,
ich kann es gar nicht anders.

Ich denk an dich,
dein Brief hat mich bewegt.

Ich denk an dich,
führ lange Dialoge,
mit mir und dir
in meinem Kopf.

Ich denk an dich,
du bist mir gar nicht ferne.
In meinem Herz,
da bist du nämlich drin.

Ich denk an dich
und schreib dir jetzt
ne Karte,
damit du weißt:
ich denk an dich.

Junges Blut

Junges Blut
in alten Adern

kann das gehen (?)
gut gehen (?)

Werbelüge
junge Alte
übermütig
glücklich gar

Karin Hartel 2020 im November

Ich kannte mal ein Mädchen
Hannelore
Sie hieß Jungbluth
und starb jung

Ich denk an sie
mit Herzblut in den Adern

Kaufrausch

Kaufwunsch
Kaufrausch
Kauferlebnis

Gekauftes Leben
aus zweiter, dritter, vierter,
vielleicht verkrüppelter
Kinderhand

Ungeahnte Kraft

Die Kraft,
die ungeahnte,
sie ist in mir.

Die Kraft,
die langersehnte,
ist heute hier.

Die Kraft,
die gewaltige
die kommt aus mir.

Die Kraft,
wo war sie gestern,
als ich sie brauchte?

Klarheit

Wer sich den Ärger
von der Seele schreibt,
kann klarer
in die Zukunft sehen.

Kleinlich

Wer kleinlich denkt
der kann nichts Großes schaffen.

Für alle Kleindenker
und Pfennigfuchser

Ich will nicht kleinlich sein und deshalb
füge ich nicht die Liste an
von denen,
die ich für kleinlich halte.

Leere

Die Leere des Blattes
ruft nach Erlösung
Es will beschrieben sein

Die Leere eines Lebens
ruft nach Erfüllung
Es will gelebt sein

Die Leere des Weltalls
ruft nach dem Schöpfer
füllt sich mit Sternenstaub

Baumkrone Bahnhofstraße,Quakenbrück

Lernen

Wer aufhört zu lernen,
beißt sich fest.

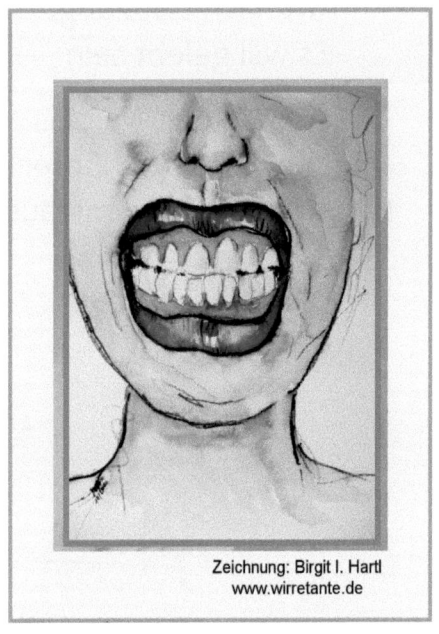

Zeichnung: Birgit I. Hartl
www.wirretante.de

Aus dem gemeinsamen Büchlein
Herzblut

Lärm

Der Lärm, der von
den Menschen erzeugte,
ist so gewaltig,
wie die ganze Welt.
Und noch ein wenig lauter.

Im Universum stört das nicht.
Im Universum stört das nicht**?**

Wer kann uns das schon sagen?
Die grünen Männchen
bleiben still.

Sie kommen nachts
bei Mondenschein,
wenn viele Menschen schlafen

Macht

Wer Macht hat und sie nicht sinnvoll
einsetzt, verschenkt wertvolles
Kapital.

Natur

Natur ganz pur,
sie hat so ihre Tücken,
Fallgruben auf dem Weg
und eklig stechende Mücken.

Natur ganz pur,
ist nichts für weiche Eier.
Gehörig stark schlag ich mich
durch sie durch.

Oma

Einmal um die ganze Welt

Einmal um die ganze Welt

Unsere Oma ist verrückt geworden.
Sie hat alle Zimmerpflanzen verschenkt,
ihren Kanarienvogel freigelassen, sich von
uns verabschiedet und ist auf
Weltreise gegangen.

Ja und was ist daran verrückt?

Sie wird all ihr Erspartes
auf den Kopf hauen.

Und was ist daran verkehrt?

Dass wir im Endeffekt noch ihre
Beerdigung bezahlen müssen.

Wäre das schlimm?
Ihr könnt es euch doch leisten.

Nein, das können wir nicht.
Wir sind dabei ein neues Haus zu bauen.

Das ist ja toll. Seit wann das denn?

Letztes Jahr stellten wir den Bauantrag,
als es Oma so schlecht ging, dass wir mit
dem Schlimmsten rechnen mussten.

Ja, wer hätte gedacht, dass sie alte Dame
nochmal so fit wird, dass sie
die Welt umrunden möchte?

Niemand. **Wir** am allerwenigsten.

Ja freut ihr euch denn nicht?

Ja, eigentlich schon, aber unsere
Finanzierung basierte auf dem
anzunehmenden Erbteil.

Habt ihr mit ihr darüber gesprochen?

Versucht haben wir es, aber sie
verweigert jedes Gespräch
zu dem Thema.

Dabei hat sie sich genau über das Thema
schlau machen wollen.

Wieso weißt du das denn?

Sie hat mich um Hilfe gebeten, beim
Einrichten ihres Internetzugangs.

Ihren Internetzugang?

Ja, weil sie mit ihrem Laptop
nicht klar kam.

Sie hat einen Laptop gekauft?

Ja, gleich nachdem sie nach der
Reha wieder zu Hause war.

Von einem Handy wollte sie nichts wissen
und dann kauft sie sich gleich einen
Computer und geht online.

Ja und sie war ganz begeistert von den
Möglichkeiten, die ihr das
World Wide Web bietet.

Dann hat sie die Idee mit der Weltreise
wohl beim Surfen bekommen?

Bestimmt! Ich hatte mich gewundert, weil sie
gleich so losgelegt hat. Aber wie gesagt, sie
interessierte sich hauptsächlich für das
Thema *Vererben*.

Unglaublich. Und nun ist sie auf Reisen.
Keiner weiß wo.
Ihre Wohnung ist verrammelt und keiner
weiß wer den Schlüssel hat.

Ihr habt keinen Schlüssel?

Wir haben schon die Nachbarn gefragt,
aber die lachen uns ja aus.
Der Hausmeister würde nach dem Rechten
sehen, war alles was wir herausbekamen.

Der Hausmeister ist aber auch nett.
Ich traf ihn einmal und da trug er mir
die Pakete ins Haus, bis in den Aufzug.

Pakete?

Ja, sie hat zusätzlich zum Laptop einen
zweiten Bildschirm bekommen und eine
ergonomisch geformte Tastatur.
Ein Nachbar hatte ihr dazu geraten.
Seit ihrem Unfall im Treppenhaus,

bei dem sie von den Nachbarn
gefunden und gerettet wurde,
ist sie mit denen ganz dicke.

Ist doch klar. Die haben ihr das Leben
gerettet. Sie wäre verblutet wenn die
nicht richtig reagiert hätten.

Die Nachbarn sind ja schuld an dem Unfall.
Sie waren es doch, für die sie den Eingang
weihnachtlich dekorieren wollte.
Ohne diese Aktion wäre sie nie mit dieser
großen Glasvase in den Aufzug gestiegen.

Der Unfall und ihre Rettung waren schon
spektakulär. Aber nach der Reha schien sie
wieder ganz die Alte zu sein.

Oma
Sie surft täglich. Fast rund um die Uhr.
Bestellt sich im Internet alles,
worauf sie Lust hat.

Um Ruhe vor ihren Erben zu haben, hat sie
sich offiziell auf Weltreise begeben. Den
Kanarienvogel hat sie wirklich in eine große
Freiflugvoliere gegeben und die

Zimmerpflanzen waren ihr
sowieso nur lästig.

Die meisten der Gewächse waren
verkrüppelte, gerade noch überlebende
Geschenke ihrer bedürftigen Kinder.

Die Baupläne des Bauvorhabens ihres
Sohnes und ihrer Schwiegertochter
hatte sie aufmerksam begutachtet.
Es hatte ihr wehgetan, dass es kein
Zimmer gab, in dem sie im Notfall als
Pflegefall leben könnte.
Obwohl das Haus mit so viel Luxus
ausgestattet war, dass die beiden es sich
eigentlich nicht leisten konnten.

Das Projekt konnten sie nur mit
ihrem Erbe abwickeln.
Das bedeutete, dass sie mit ihrem baldigen
Ableben, im wahrsten Sinne des Wortes
gerechnet hatten.

Und auch ihre drei Enkelkinder hatten Pläne,
die mehr Geld kosten würden, als ohne Erbe
zur Verfügung stand.

Doch ihr ging es gut und mit jedem Tag

besser. Bald würde sie ihr gewohntes
Leben wieder aufnehmen können.

Doch wollte sie das wirklich?
All die kleinen Verpflichtungen erfüllen?
Immer für ihre Verwandten da sein?
Unangemeldete Besuche empfangen,
mit gespielter Dankbarkeit?
Und im Hinterkopf das Wissen, dass
sie ihr Erbe bald brauchen würden.

Den Stress wollte sie nicht mehr.
Ihre Kinder und Enkelkinder!
Sie würden jeden Tag auf der Matte stehen
um sich nach ihrem Ergehen zu erkundigen.

In der Reha war sie aufgelebt.
Erstaunt hatte sie festgestellt wie
gut es sich leben lässt ohne Familie.
Viele neue Kontakte hatte sie geknüpft
und versprochen, sich auch zu vernetzen,
um über die modernen Medien in Kontakt
zu bleiben mit den neuen Freunden.

In der begleitenden Therapie hatte sie ihre
Coabhängigkeit erkannt und ja, sie hatte
auch erkannt, dass sie Mitschuld hatte,
an den Umständen.

Die Kinder hatten immer alles bekommen,
was sie wollten. Sie waren einfach verwöhnt
und gewohnt ihre Mutter zu benutzen. Sie
fühlte sich ausgenutzt, auch wenn sie ihre
Schuld an dem Umstand nun klar sah.

Das musste ein Ende haben.
Doch wie?
Sie wollte frei sein!

In ihrer Wohnung mit den netten Nachbarn
fühlte sie sich wohl. Es waren nur die
Kontroll- und Bettelbesuche der Kinder,
die sie nervten.

Doch wie wird man Kinder los?
Erwachsene falsch erzogene
Egoisten, die nur an sich dachten.
Man konnte sie nicht *einfach* loswerden.

Es bestand die Gefahr, dass die die Mutter
für unmündig erklären würden,
um an ihr Geld zu kommen.

Dem kam sie zuvor, indem die sich imaginär
auf eine Weltreise begab. Die Idee dazu war
ihr gekommen, als sie ihren Globus zum wohl
hunderttausendsten Mal gedreht hatte.

Mit dem Finger, immer wieder den
Äquator entlangfuhr.

Nun war sie per Internet unterwegs,
chattete mit Menschen im Senegal,
skypte mit einer Indianerin,
schaute sich you tube Videos
von Traumstränden an.

Sie lernte, mit Hilfe ihres Handys gefakte
Urlaubsgrüße an ihre Kinder zu senden.

Schön der Reihe nach einmal um die Welt
und noch einmal in umgekehrter Richtung.
Denn wenn man gen Westen reist ist das
ganz anders, als ob man gen Osten reist,
auch wenn man die gleichen Orte besucht.

Als sie feststellt, wie viel Spaß ihr die
imaginären Urlaubsgrüße machen, beginnt
sie Reisetagebücher zu schreiben, die sie in
einem Blog veröffentlicht.

Sie ist erfolgreich. Verlage fragen an,
bitten sie, sich zu melden, sobald sie ihre
Reise abgeschlossen hat.
All das ist aufregend.
Die Kinder haben sich errechnet,

dass nach der Weltreise kein Pfennig,
beziehungsweise, kein Cent mehr
übrig sein würde und ihr
Bauvorhaben eingestellt.

Während Oma sich in ihrem neuen Leben
wohlfühlt, die Kinder endlich lernen
bescheidener zu leben, ereilt die alte,
zufriedene Dame ein gnädiger Herztod.

Doch sie hat alles vorbereitet.
Zu ihrer Beerdigung kommen die
unglaublichsten Menschen aus fast
allen Teilen der Welt.

Sie hatte mit ihren Chats,dem Blog
und den Videos die Herzen
von vielen Menschen erreicht.

Ihre Kinder waren sprachlos.
Verstanden erst ganz langsam,
dass sie nun reich waren
und durch die Vermarktung
der besonderen Reiseführer
noch reicher werden konnten.

Doch um zu verstehen,
mussten sie ihr Leben überdenken.

Ob sie es schaffen werden,
die Freiheit zu begreifen,
die sich ihre fantasievolle
Mutter und Oma
genommen hatte?

Kunst vom HOf

An Pippi Langstrumpf

per Email, am 15.12.2020

Hallo Pippi, ich habe Dir ein Haus gebaut. Ein kleines nur, aber fünfeckig. Es hat viele Fenster und noch mehr Löcher, damit die Tiere hinein und wieder heraus können. Auch das Regenwasser hat einen Eingang und einen Ausgang. Als Stuhl habe ich Dir einen Hängesessel eingebaut, damit die Stuhlbeine nicht nass werden. Der Pferdestall ist nebenan und ganz groß. Du kannst notfalls auch ein Kamel mitbringen. Nur für eine Giraffe würde es zu niedrig sein. Aber falls Du gerade eine Giraffe im Gepäck hast, finden wir da auch eine Lösung. Ach ich habe Dir ja noch gar nicht gesagt, wer ich bin: ich bin Karin, sehe zwar alt aus, aber in mir drin bin ich jung und saufrech und viel zu abenteuerlustig - sagt mein Mann. Er glaubt auch nicht dass ich mein Baumhaus fertig bekomme und darin leben könnte. Aber mit Dir gemeinsam kann ich alles schaffen. Auch dass meine Zöpfe nicht mehr müde herunterhängen. Gruß und Pferdekuss

Deine Karin

Qual der
Morgenstunde

Die Stunde hat wohl Gold im Mund,
die Vögel singen discolaut.

Ich bin jetzt wach.
Es ist halbsechs.

Nur leise kann ich Dinge tun,
die gestern liegen blieben,
denn alle anderen schlafen noch,
ich gönn ihnen die Träume.

Ich heize schnell den Ofen an
und koch mir einen Kaffee,
die Morgenzeitung ist schon da,
die kann ich leis genießen.

Ich werd des Tages müde sein,
bevor er richtig los geht.

Querbalken

Den Querbalken am Kreuz sehen,
nicht nur die klare Senkrechte.

Den Querbalken betrachten,
der die Qual der Opfer
verlängerte,
durch einen Halt,
der keine Rettung
brachte.

Ruhestand

Der Ruhestand
ist nicht so ruhig,
wie ich dachte.

Der Ruhestand
bewegt mich sehr,
ich tue Dinge,
über die ich
früher lachte.

Schlusspunkt

Der Schlusspunkt
endlich kann ich ihn setzen
endlich weiß ich wo er hingehört

Der Schlusspunkt
endlich frei von jeder Panik
denn danach folgt Neubeginn

Ein unfertiges Bild ist auch ein Bild!

Segen
gegen Trübsinn

Sei bewahrt
vor trübseligem Nachsinnen,
gib Deiner Seele
immer wieder ein Aufatmen
und Wasser des Lebens
und Früchte der Gerechtigkeit
und kindliche Freude
über tausend Kleinigkeiten!

Ruth Heil 2020

*Huch, da ist mir das Gedicht
einer lieben, ganz besonderen
Freundin, in den Ordner
zu meinen eigenen Werken gerutscht.*

Sinnlose Gedanken -
Gedanken über Sinnlosigkeit.

Lilo Hartl

Tanz der Mücken

Nicht federleicht
eher schwerelos

Nicht hektisch
eher aufregend

Kein Zusammenstoß
trotz hohem
Verkehrsaufkommen

Im Licht der Sonne
unzählige
kleine Wesen

Die Uhr

Die Uhr sie steht
wie sollte sie auch gehen

Die Uhr sie hat ja
keine Beine nicht

Die Uhr muss
trotzdem gehen
sonst kommt sie
in den Müll

Uhrwerk Stadtmuseum Quakenbrück

Umarmungsarm

Umarmungsarm,
ist diese Zeit,
weltweit.

Umarmungsarm,
war meine
Vergangenheit.

Umarmungsreich
soll die Zukunft sein,
weltweit.

Ich öffne schon die Arme.

Karin Hartel 2020
Als Antwort auf den Brief
von Ruth Heil

Umgekrempelt

Umgekrempelt
fühl ich mich vom Mai,
dem alles Neumachenden.

Frühlingsgefühle,
im Kopf, im Bauch
und überall.

Sommersehnsucht,
Wasser, Sand
und viel mehr Leben.

Ungekremplt

Es gab mal einen Krempl,
der war ein heller Kopf.
Er kaufte und verkaufte,
mit wahrer Leidenschaft.
Er kämpfte für die Kleinen,
hatte Großes im Sinn.

Danke Hans Krempl

Undankbarkeit

Unwort meines Lebens

Undank

ist der

Welten

Lohn

Ich gab dir Arbeit
und auch Brot,
ich war bereit zu teilen.

Du beißt die Hand
die dich ernährt
bereit war,
dich zu streicheln.

Verbindung

Drahtlos verbunden
Wunder der Natur

Menschgemachtes
Nachgemachtes Wunder

Was verbindet
Dich mit mir
wenn Leitungen versagen
wenn Sender kraftlos werden

Giebel Hirstein, Altleiningen

Verfolger

Erwin hatte sich ein Häuschen im Wald gekauft. Endlich weg von den neugierigen Nachbarn, die ihn sein Leben lang genervt hatten. Herrliche Ruhe, das nächste Haus, beziehungsweise Häuschen, war ungefähr fünfhundert Meter entfernt. Weit genug, um nicht beobachtet zu werden.
 Doch die Nachbarin ging gerne spazieren. Jeden Tag trippelte sie mit ihrem kleinen Hund an Erwins Grundstück entlang. Den neugierigen Blick stets dem langen, schmalen Grundstück zugewandt. Der Ruhesuchende musste schon ins Haus gehen, um vor diesen Blicken sicher zu sein. Bei Blicken blieb es ja nicht. Die Frau suchte das Gespräch mit ihm. Unklar war, ob sie das aus Neugierde oder Einsamkeit tat.

Doch das war Erwin egal. Er suchte Ruhe, vor allem vor neugierigen Nachbarn.
Ein blickdichter Zaun hätte geholfen, doch dazu zieht man ja nicht in die Natur, um sich mit hohen Zäunen den Blick in den Wald zu verbauen.

Angriff ist die beste Verteidigung, sagte er
sich und begann die Frau auf jedem ihrer
Spaziergänge zu verfolgen. Es war ihr
unangenehm, ihn im Rücken zu haben.
Dem wollte sie ausweichen.
Sie begann das Nachbargrundstück zu
meiden. Wählte die andere Richtung
für ihre Spaziergänge.

Erwin aber hatte Spaß daran gefunden, in
sicherem Abstand hinter der trippelnden
Dame zu spazieren. So langsam hatte er
sich noch nie durch die Welt bewegt.

Neu sah er die vielen Dinge am Wegesrand.
Eine kleine Schnecke konnte ihn begeistern.
Sie gab ihm Grund, beobachtend stehen zu
bleiben. Ihre eleganten Bewegungen
faszinierten ihn, die glänzenden Brauntöne,
der zierlichen Häuser, die sie mit sich trugen,
bewunderte er mit kindlichem Staunen.

 Gerne hätte er diese neue Freude mit
jemandem geteilt. Liebend gerne hätte er
seine Beobachtungen mitgeteilt.

Die Begegnung mit einem Hirschkäfer zum
Beispiel, war ihm unter die Haut gegangen.

Die großen Zangen, die beachtliche Größe des gesamten Tieres von fast neun Zentimetern und das etwas unbeholfen wirkende Kriechen auf dem Waldboden, hatten sein Interesse geweckt.

Erschrocken war er ein wenig zurückgewichen, als das glänzende, kompakte Tier seine oberen, hart wirkenden Flügel ausbreitete, um darunter ein hauchzartes, viel größeres Flügelpaar zu entfalten. Laut brummend erhob er sich in die Luft und flog davon.

 Außer dem Betrachten von Insekten, widmete er sich der Spurensuche.
Die Spuren einer Wildschweinrotte verfolgte er stundenlang.
 Die Rehfährte, die deutlich erkennbar war spornte ihn zur nächsten Verfolgung an.
All das wollte besprochen werden.

Sobald er einen Spaziergänger sah, ging er in dessen Richtung, suchte das Gespräch, wollte erklären, was er da entdeckt hatte.

 Die regelmäßigen Spaziergänger kannten ihn schnell. Es dauerte nicht lange, bis sie sich

von Erwin verfolgt fühlten. Auch sie mieden,
wie die trippelnde Nachbarin, bald den
Bereich an Erwins Grundstück.

Erwin dehnte sein Bewegungsgebiet aus.
Ohne es wirklich zu wollen, vergraulte er
erfolgreich die wenigen Menschen,
die dort regelmäßig anzutreffen waren.

Er fand die Einsamkeit,
die er ursprünglich gesucht hatte,
nun aber gar nicht mehr wollte.

Weinbergschnecke in Bad Dürkheim, Seebach

Vergißmeinnicht

Vergiss mich nicht
in deiner Welt,
in deinem Leid.

Ach denk an mich,
an meine Welt
und meine Leidenschaft.

Die Leidenschaft,
die mich befreit
von aller Jammerei.

Die Welt ist gut,
wenn ich vergess,
was ich nicht haben kann.

Vollkommen

Vollkommen dieser Augenblick.
Die Freiheit in meinem Gartens
macht mich glücklich.

Der Regenwurm, der dick und fett,
vollkommen seine Ringe schiebt,
die Amsel, die kaum Abstand hält
von mir und meinem Tun.

Sie sieht begierig
auf den schönen Wurm,
der erdwärts sich
in seinen Tunnel schiebt.

Die Nuss, die reife, fällt mir auf den Kopf,
erschreckt blick ich nach oben.
Das Eichhorn, dieser kleine Wicht,
sitzt hoch im Nussbaum droben.

Der Bach, er plätschert fein und sacht,
als wollte er mir sagen,
wie wohl er sich in seinem Bett
und meinem Garten fühlet.

Mein einfacher Weg

Einfach geh ich meinen Weg
einfach weil es meiner ist

Zweifach ging ich fremde Straßen
jahrelang entlang

Immer wieder Hinweisschilder
in den ruhigen stillen Wald

Ignoriert und umgemäht
hab ich sie mit Wut

Bis ich einen Rastplatz suchte
ausgepumpt, ganz leergeschuftet

Sprang über den Straßengraben
fiel hinein - blieb lange liegen

Krabbelte zur rechten Seite
in die grüne Dunkelheit

Wald du hast mir Weg gegeben
einen Weg zu meinem Ziel
Einfach Leben

Mein Weg Tausendmal

Tausendmal
bin ich meinen Weg gegangen.
Entlanggegangen
auf ihn getreten
wütend auf ihm herumgetrampelt

Tausendmal
hat mich mein Weg
weggeführt vom Lärm der Straße
hinein in die grüne Stille

Tausendmal
hat mir mein Weg Ruhe gegeben
Bodenhaftung geschenkt
mir Luft verschafft
indem ich ihn ging

Nur noch einmal möchte
ich ihn gehen
um Frieden zu schließen

Nur noch einmal möchte
ich ihn genießen
um in Demut zu erkennen,
es ist nur einer meiner Wege.

Weitsichtig

Weitsichtig durch das hohe Alter
in jeder
jeder Schicht

Weitsichtig nach der Brille tasten
für jede
jede Schrift

XY gelöst
Getötet

Ich habe getötet
noch vor dem Frühstück.

Ich habe ein Leben ausgelöscht
fast im Vorübergehen.

Ich habe den Rachegefühlen
freien Lauf gelassen.

Die Mücke ist tot
ihr Blut an meiner Wand.

Ihr Blut? Mein Blut gewiss!
Der Mückenstich juckt.

Die nicht gehabte Nachtruhe
hat sich gerächt.

Karin Hartel 2021, im Juni

YZ

Gelöste

Gewalt

*

Unterdrückte Gewalt
ist auch Gewalt.

✳✳✳✳✳✳

Kunst vom HOf

Zeit der Natur

Natur lässt sich viel Zeit
um manches Kunstwerk
zu erschaffen.

Natur gibt manchmal
richtig Gas
im Frühlingserwachen.

Natur lässt einfach los
im Herbst
um sich zu lüften.

Natur hat Zeit
für viele Sachen.

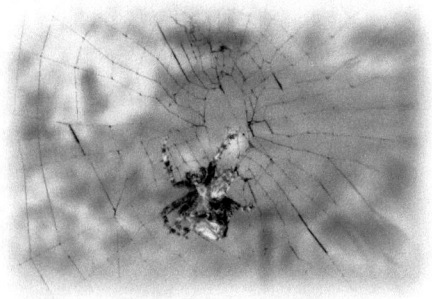

Foto: Susanne Hübner

Die wilde Zeit

Die wilde Zeit -
- sie ist vorbei.

Kommt sicher nicht mehr wieder.

Die wilde Zeit -
- war nicht nur schön,

manchmal sogar gefährlich.

Die wilde Zeit -
- mal ich mir toll,

in vielerlei Geschichten.

Mal Gänsehaut -
- mal Freudentränen,

ich hab sie überlebt
und kann berichten.

Zeitdruck

Die Zeit sie drückt
mir auf die Seele.

Die Zeit läuft weg
wie ein wilder Hund.

Die Zeit sie explodiert
in meinem Kopf.

Die Zeit steht still
der Druck entweicht.

Ich werde still
die Zeit rennt weiter.

Ich seh ihr nach
und bleib im Jetzt.

Zufriedenheit

Du hast ein Haus
und einen lieben Mann

Du kaufst nur Bio
vom Bauern nebenan

Du redest kritisch
vom Weltgeschehen

Du lässt den Flüchtling
nicht vor der Türe stehen

Du bist perfekt
und trotzdem
bist du hohl und leer.

Was ist dir
nur geschehen?

Zwischenraum

Und wie die Bäume, versuche ich,
jeden Zwischenraum zu nutzen,
um ihn mit liebenswürdigen
Worten zu füllen.
In meiner aufgeregten Seele,
beim Betrachten des Schönen,
ist die Stille der Zwischenräume
kaum auszuhalten.

Hilfreiches Lektorat
für die kurzen Geschichten:
Journalistin Alexandra Lüders

Mutmachendes Lektorat
für das Gesamtwerk:
Autorin Susanna Hübner

Perfekte, just in time, Verbesserungen
Autorin und Journalistin Heike Avsar

Danke für die Bilder von Birgit I.Hartl, Lilo
Hartl, Susanna Hübner, Patricia van Lanen,
Nancy Hazelwood-Savage, den Künstlern in
Dangast, den Pfalnzen und Tieren in unserem
Garten, Menschen aus meiner Vergangenheit.

Danke, meinem geliebten Mann

*Danke, Ruth Heil und allen Mutmachern
sowie allen Buchkäufern, ohne die,
ein Buch wenig Sinn macht*

*Danke,   allen Arschengeln,
ohne die manche Geschichte
nie ausdenkbar gewesen wäre
Arschengeldefinition: Robert Betz
xxxxxxx   xxxxxxx
xxxxxxxxxx   xxxxxxxxxx*

Inhaltsverzeichnis von A bis Z
weil auch Wahlloses einen roten Facen braucht

*Alle Bilder in voller Schönheit findest Du
in meinem Blog www.kunstvomhof.de/Blog/
Wahllose Band 2*

Die Kunst lebt auch von Bildern, die Du kaufst.